ACHIM OECAL
@kitchenachim

IN DEN OFEN, FERTIG, LOS!

ACHIM OECAL
@kitchenachim

IN DEN OFEN, FERTIG, LOS!

50 genial einfache Express-rezepte

riva

INHALT

VORWORT

Hi, ich bin Achim.

Viele kennen mich vielleicht von meinem Instagram-Account *@kitchenachim*:

Ich habe zwei tolle Jungs und lebe mit meiner Familie in NRW.

Ich kann es immer noch nicht glauben, dass ich jetzt mein eigenes Kochbuch rausbringe.

Wie vielleicht ganz viele andere auf der Welt habe auch ich mir damals im Lockdown meine Gedanken gemacht, was ich denn mit meiner freien Zeit nur anfangen kann.

Und so bin ich zum Kochen gekommen. Aus meinem ersten Post im Dezember 2020, ein Zitronenkuchen, ist eine unfassbar tolle, große Community gewachsen, womit ich niemals gerechnet hätte!

Ich habe das Kochen für mich entdeckt. Und es macht mir unheimlichen Spaß, dich mit meinen einfachen, leckeren und vor allem schnellen Rezepten zu begeistern.

Tag für Tag versuche ich etwas Neues zu kreieren, das auch du ganz einfach nachkochen kannst. Denn im Alltag muss es schnell gehen, mit so wenig Aufwand wie möglich!

Und wenn es dir dann noch schmeckt, dann macht es auch mir richtig Spaß!

Ich wünsche dir viel Freude mit den vielen leckeren Ofenrezepten.

Dein Achim

SCHNELLE SNACKS

FETA-ROLLEN

10 Stück | Vorbereitung: 20 Minuten | Backzeit: 20 Minuten

ZUTATEN

1 Rolle Blätterteig
300 g Feta
1 Ei
50 g Walnusskerne
1 EL Honig

1. Backofen auf 180 °C Umluft vorheizen. Ein Backblech mit Backpapier auslegen.
2. Blätterteig ausrollen und quer in 10 Streifen schneiden. Den Feta ebenfalls in 10 Streifen zerteilen. Jedes Stück Feta mit 1 Blätterteigstreifen umwickeln und auf das Backblech legen.
3. Das Ei in einer Schüssel verquirlen. Rollen damit bepinseln und 20 Minuten im Ofen backen.
4. Währenddessen die Walnüsse hacken.
5. Fertige Röllchen mit Honig beträufeln und mit Walnüssen bestreuen.

FRISCHKÄSE-LACHS-CROISSANTS

8 Stück | Vorbereitung: 15 Minuten | Backzeit: 20 Minuten

ZUTATEN

1 Rolle Blätterteig
100 g Frischkäse
200 g Räucherlachs
1 Ei

1. Den Ofen auf 200 °C Umluft vorheizen. Ein Backblech mit Backpapier auslegen.
2. Den Blätterteig ausrollen und in 8 Dreiecke schneiden.
3. Auf die breitere Seite der Dreiecke jeweils 1 TL Frischkäse setzen. Frischkäse etwas verteilen und jeweils etwas Räucherlachs darauflegen. Die Dreiecke zu Croissants zusammenrollen und auf ein Backblech legen.
4. Das Ei in einer Schüssel verquirlen und die Croissants damit bestreichen. 20 Minuten im Ofen backen.

BURRATA-SALAT

1–2 Portionen | Vorbereitung: 20 Minuten | Backzeit: 20 Minuten

ZUTATEN

3 rote Spitzpaprikaschoten
3 EL Olivenöl
1 kleine Knoblauchzehe
2 EL Balsamicoessig
1 EL Honig
Salz und Pfeffer
2 Handvoll Rucola
1 Burrata (à 200 g)
5 Walnusskerne

1. Backofen auf 200 °C Umluft vorheizen. Ein Backblech mit Backpapier auslegen.
2. Paprika waschen, halbieren, putzen und mit der Wölbung nach oben auf das Backblech legen. Mit 1 EL Olivenöl beträufeln und 20 Minuten im Ofen rösten.
3. Währenddessen den Knoblauch schälen und in eine Schüssel pressen. Das restliche Olivenöl, Balsamicoessig, Honig, Salz und Pfeffer zugeben und verrühren.
4. Die fertigen Paprikahälften etwas abkühlen lassen, dann häuten und mit dem Dressing vermischen.
5. Rucola waschen, trocken schleudern und in eine Schüssel geben.
6. Eingelegte Paprika auf den Rucola legen und die Burrata daraufsetzen.
7. Walnüsse grob hacken und über den Salat streuen.

KARTOFFELHERZEN

2 Portionen | Vorbereitung: 20 Minuten | Backzeit: 25 Minuten

ZUTATEN

3 große Kartoffeln
2 EL Olivenöl
1 TL getrockneter Rosmarin
Salz und Pfeffer
1 Ausstecher in Herzform (Ø ca. 3 cm)

1. Backofen auf 200 °C Umluft vorheizen. Ein Backblech mit Backpapier auslegen.
2. Kartoffeln schälen, waschen und in ½ cm dicke Scheiben schneiden. Mit dem Ausstecher kleine Herzen ausstechen.
3. Die Herzen ein paar Minuten in eine Schüssel mit kaltem Wasser legen. Danach durch ein Sieb abgießen und mit Küchenpapier etwas abtupfen.
4. Kartoffelherzen in einer Schüssel mit Olivenöl, Rosmarin, Salz und Pfeffer vermischen. Auf dem Backblech verteilen, sodass sie nebeneinanderliegen. 25 Minuten im Ofen backen.

TIPP:

Als Sternchen ausgestochen sind die gebackenen Kartoffeln eine tolle Beilage für das Weihnachtsmenü. Dazu passt ein leckerer Tomaten-Paprika-Hummus (siehe Seite 21) zum Dippen.

Ketchup

TOMATEN-PAPRIKA-HUMMUS

4 Portionen | Vorbereitung: 20 Minuten | Backzeit: 20 Minuten

ZUTATEN

2 rote Spitzpaprikaschoten
5 kleine Tomaten
4 Knoblauchzehen
4 EL Olivenöl
220 g gekochte Kichererbsen
1 EL Mandelmus
⅓ TL Chiliflocken
⅓ TL getrockneter Oregano
½ TL Salz
Balsamico-Creme

1. Backofen auf 200 °C Umluft vorheizen.
2. Paprika und Tomaten waschen. Paprika halbieren und entkernen. Zusammen mit dem Knoblauch auf ein Backblech legen und mit 2 EL Olivenöl beträufeln. 20 Minuten im Ofen rösten.
3. Gemüse aus dem Ofen nehmen, etwas abkühlen lassen, dann die Haut von der Paprika und den Tomaten entfernen.
4. Kichererbsen in ein Sieb abgießen, spülen und abtropfen lassen. Mit Paprika, Tomaten, Knoblauch, Mandelmus, dem restlichen Olivenöl und den Gewürzen in einen Mixer geben und pürieren.
5. Hummus auf einem Teller anrichten und mit etwas Balsamico-Creme garnieren.

ZUCCHINIRÖSCHEN

6 Stück | Vorbereitung: 20 Minuten | Backzeit: 20 Minuten

ZUTATEN

½ grüne Zucchini
½ gelbe Zucchini
1 Rolle Blätterteig
100 g Ziegenkäse
1 EL Olivenöl
getrockneter Thymian
Pfeffer
1 Ei
Fett für die Form

1. Backofen auf 200 °C Umluft vorheizen.
2. Zucchini waschen und putzen, längs halbieren und in Scheiben schneiden.
3. Blätterteig ausrollen und in 6 gleich große Streifen schneiden. Jeweils an die obere Kante 1 Scheibe Zucchini legen, dabei die Farben abwechseln.
4. Den Ziegenkäse zerbröseln und über die Zucchini streuen. Olivenöl darüberträufeln, mit Thymian und Pfeffer würzen.
5. Die Streifen zu Röschen aufrollen und jedes Röschen in eine Mulde einer eingefetteten Muffinform legen.
6. Das Ei in eine Schüssel aufschlagen und verquirlen. Die Zucchiniröschen damit bestreichen. 20 Minuten im Ofen backen.

TIPP:

Die Röschen sind auch kalt ein Hingucker auf jedem Partybüfett.

KNOBLAUCHBROT

4 Portionen | Vorbereitung: 20 Minuten | Backzeit: 40 Minuten

ZUTATEN

2 Knoblauchknollen
2 EL Olivenöl
Salz und Pfeffer
125 g weiche Butter
1 Handvoll Petersilie
1 Baguette
50 g Gouda
50 g Emmentaler
50 g Cheddar

1. Backofen auf 200 °C Umluft vorheizen.
2. Den oberen Teil der Knoblauchknollen abschneiden. Die Knollen auf Alufolie legen, mit Olivenöl beträufeln und mit Salz und Pfeffer würzen. Alufolie zu einem Päckchen verschließen und Knoblauch 25 Minuten im Ofen backen.
3. Butter in eine Schüssel geben. Den gebackenen Knoblauch aus dem Ofen nehmen. Die Zehen in die Schüssel ausdrücken, mit Salz und Pfeffer würzen und gut vermischen.
4. Petersilie waschen, trocken schütteln, hacken und mit der Butter vermengen.
5. Das Baguette halbieren und längs aufschneiden. Die Stücke auf ein Backblech legen und mit der Knoblauch-Kräuter-Butter bestreichen.
6. Die Käsesorten in eine Schüssel reiben, mischen und über das Brot streuen. 15 Minuten bei 200 °C Umluft im Ofen backen.

TIPP:

Ein paar Garnelen in etwas Knoblauchbutter anbraten und dazu servieren.

BURRATA-BOARD

2 Portionen | Vorbereitung: 15 Minuten | Backzeit: 10–15 Minuten

ZUTATEN

250 g Cherrytomaten
2 Knoblauchzehen
5 EL Olivenöl
½ TL Chiliflocken
Salz
2 Burrata (à ca. 125 g)
Basilikumblätter

1. Backofen auf 200 °C Umluft vorheizen.
2. Tomaten waschen und in eine kleine Auflaufform legen.
3. Knoblauch schälen, in feine Scheiben schneiden und auf den Tomaten verteilen. Mit Olivenöl beträufeln, mit Chili und Salz würzen. Tomaten 10–15 Minuten im Ofen backen.
4. Burrata auseinanderziehen, etwas flach drücken und auf einem Brett anrichten.
5. Basilikum waschen und trocken schütteln.
6. Die fertigen Tomaten auf dem Käse verteilen, etwas von dem Chiliöl darüberträufeln und mit Basilikumblättern garnieren.

EASY PASTA

BLUMENKOHL-PASTA

2 Portionen | Vorbereitung: 25 Minuten | Backzeit: 20 Minuten

ZUTATEN

½ Blumenkohl
2 EL Olivenöl
150 g Frischkäse
2 EL Pesto Genovese
Salz und Pfeffer
300 g Nudeln
geriebener Parmesan

1. Backofen auf 180 °C Umluft vorheizen.
2. Blumenkohl waschen, putzen und in Röschen schneiden. Die Röschen in eine Auflaufform legen und mit Olivenöl beträufeln.
3. Frischkäse in die Mitte auf den Blumenkohl setzen und das Pesto darüberträufeln. Mit Salz und Pfeffer würzen.
4. Blumenkohl 20 Minuten im Ofen backen.
5. Währenddessen die Nudeln in einem Topf mit Wasser nach Packungsanleitung bissfest kochen. Dann durch ein Sieb abgießen, dabei Nudelwasser auffangen und 1 Kelle beiseitestellen.
6. Den Blumenkohl aus dem Ofen nehmen, das beiseitegestellte Nudelwasser darübergießen und verrühren. Die gekochten Nudeln unterheben und Nudeln mit Parmesan bestreut servieren.

TIPP:

Anstatt Blumenkohl kannst du auch Brokkoli nehmen.

CREMIGE AUBERGINEN-PASTA

2 Portionen | Vorbereitung: 25 Minuten | Backzeit: 20 Minuten

ZUTATEN

1 Aubergine
10 Cherrytomaten
2 Knoblauchzehen
2 EL Olivenöl
½ TL edelsüßes Paprikapulver
½ TL getrockneter Oregano
Salz und Pfeffer
300 g Nudeln
150 g Crème fraîche
Basilikumblätter

1. Backofen auf 200 °C Umluft vorheizen.
2. Aubergine waschen, putzen und in Stücke schneiden. Tomaten waschen und Knoblauch schälen.
3. Gemüse in eine Auflaufform geben, Olivenöl darüberträufeln und mit den Gewürzen bestreuen. 20 Minuten im Ofen backen.
4. Währenddessen die Nudeln in einem Topf mit Wasser nach Packungsanleitung bissfest kochen. Dann durch ein Sieb abgießen, dabei Nudelwasser auffangen und 1 Kelle beiseitestellen.
5. Das fertige Gemüse aus dem Ofen nehmen, Crème fraîche und Nudelwasser dazugeben und alles mit dem Stabmixer zu einer cremigen Soße pürieren.
6. Basilikum waschen und trocken schütteln.
7. Die Nudeln unter die Soße heben und Pasta mit frischem Basilikum garniert servieren.

TIPP:

Guter Parmesan darf bei keinem Nudelgericht fehlen.

BROKKOLI-FETA-PASTA

2 Portionen | Vorbereitung: 25 Minuten | Backzeit: 20 Minuten

ZUTATEN

250 g Brokkoli
150 g Feta
200 g Cherrytomaten
1 rote Zwiebel
1 Knoblauchzehe
2 EL Olivenöl
250 ml Sahne
Salz und Pfeffer
300 g Nudeln

1. Backofen auf 200 °C Umluft vorheizen.
2. Brokkoli waschen, putzen, in kleine Röschen schneiden und diese in eine Auflaufform legen. Feta in die Mitte setzen.
3. Tomaten waschen und um den Käse herum verteilen.
4. Zwiebel schälen und in Ringe schneiden. Knoblauch schälen. Beides zu den Tomaten geben.
5. Gemüse mit Olivenöl beträufeln, die Sahne angießen und alles mit Salz und Pfeffer würzen. 20 Minuten im Ofen backen.
6. Währenddessen die Nudeln in einem Topf mit Wasser nach Packungsanweisung bissfest kochen. Dann durch ein Sieb abgießen, dabei Nudelwasser auffangen und 1 Kelle beiseitestellen.
7. Das Gemüse aus dem Ofen nehmen und das beiseitegestellte Nudelwasser untermischen. Die Nudeln unter die Soße heben.

NUDEL-BOWL

2 Portionen | Vorbereitung: 25 Minuten | Backzeit: 20 Minuten

ZUTATEN

1 Paprikaschote
1 Zucchini
1 Karotte
½ Brokkoli
1 rote Zwiebel
1 Knoblauchknolle
4 EL Olivenöl
getrockneter Thymian und Rosmarin
Salz und Pfeffer
300 g Nudeln
1 EL Zitronensaft
geriebener Parmesan

1. Backofen auf 200 °C Umluft vorheizen. Ein Backblech mit Backpapier auslegen.
2. Das Gemüse waschen, putzen, die Zwiebel schälen und alles in mundgerechte Stücke schneiden. Auf dem Backblech verteilen.
3. Das Obere der Knoblauchknolle abschneiden und Knoblauch ebenfalls auf das Backblech legen. Alles mit 1 EL Olivenöl beträufeln, mit den Gewürzen bestreuen und gut vermengen. 20 Minuten im Ofen backen.
4. Währenddessen die Nudeln in einem Topf mit Wasser nach Packungsanleitung bissfest kochen.
5. Gemüse aus dem Ofen holen. Die Knoblauchzehen in einen Mörser ausdrücken, ½ TL Salz, Zitronensaft und das restliche Olivenöl dazugeben und mörsern.
6. Nudeln durch ein Sieb abgießen und in 2 Bowls geben. Das Gemüse darauf verteilen, die Knoblauchsoße dazugeben und alles mit Parmesan bestreuen.

PASTA PARMIGIANA VERDE

2 Portionen | Vorbereitung: 25 Minuten | Backzeit: 15 Minuten

ZUTATEN

200 g Cocktailtomaten
1 Knoblauchzehe
2 EL Olivenöl
Salz
300 g Nudeln
100 g Parmesan
1 Handvoll Basilikumblätter
1 Burrata (à ca. 125 g)

1. Backofen auf 200 °C Umluft vorheizen.
2. Tomaten waschen, mit Küchenpapier trocken tupfen und in eine Auflaufform legen.
3. Knoblauch schälen und zu den Tomaten legen. Alles mit Olivenöl beträufeln und mit etwas Salz würzen. Tomaten 15 Minuten im Ofen backen.
4. Währenddessen Nudeln in einem Topf mit Wasser nach Packungsanweisung bissfest kochen.
5. In der Zwischenzeit den Parmesan in Stücke schneiden. Das Basilikum waschen und trocken schütteln. Beides in einen Mixer geben und hacken.
6. Tomaten und Knoblauch aus dem Ofen nehmen und zusammen mit der Burrata in einem Standmixer zu einer Soße pürieren.
7. Die Nudeln durch ein Sieb abgießen. Die Soße nach Bedarf nochmals in einem Topf erwärmen und die Nudeln unterheben.
8. Nudeln mit dem Basilikum-Parmesan-Gemisch (Parmigiana Verde) servieren.

LACHS-SPINAT-NUDELN

2 Portionen | Vorbereitung: 30 Minuten | Backzeit: 15 Minuten

ZUTATEN

100 g Babyspinat
150 g Feta
2 Lachsfilets
½ rote Zwiebel
Olivenöl
250 ml Sahne
Saft von ½ Zitrone
getrockneter Thymian
Salz und Pfeffer
300 g Nudeln

1. Backofen auf 200 °C Umluft vorheizen.
2. Spinat waschen, trocken schütteln und in eine Auflaufform legen. Den Feta in die Mitte setzen.
3. Lachs waschen, mit Küchenpapier trocken tupfen, in 2 cm große Stücke schneiden und um den Feta herumlegen.
4. Zwiebel schälen, in Ringe schneiden, auf den Käse legen und mit Olivenöl beträufeln.
5. Sahne und Zitronensaft über alles gießen. Mit Thymian, Salz und Pfeffer bestreuen. Lachs 15 Minuten im Ofen backen.
6. Währenddessen die Nudeln in einem Topf mit Wasser nach Packungsanleitung bissfest kochen. Dann durch ein Sieb abgießen, dabei das Nudelwasser auffangen. 1 Kelle Nudelwasser beiseitestellen.
7. Lachs-Spinat-Mischung aus dem Ofen nehmen, das beiseitegestellte Nudelwasser hinzugeben, den Feta etwas andrücken und alles miteinander vermengen.
8. Die Nudeln unterheben.

ONE-POT-PASTA

2 Portionen | Vorbereitung: 15 Minuten | Backzeit: 30 Minuten

ZUTATEN

150 g Kräuterfrischkäse
300 g Nudeln
1 Handvoll Brokkoliröschen
1 Handvoll Cherrytomaten
250 g Lachsfilet
500 ml kaltes Wasser
250 ml Sahne
Salz und Pfeffer
Saft von ½ Zitrone

1. Backofen auf 200 °C Umluft vorheizen.
2. Frischkäse in die Mitte einer Auflaufform geben und die Nudeln drum herum verteilen.
3. Brokkoli und Tomaten waschen und auf die Nudeln legen.
4. Lachsfilet häuten, in 2 cm große Würfel schneiden und mit in die Form geben. Wasser und Sahne zugießen, sodass alles damit bedeckt ist.
5. Mit Salz und Pfeffer würzen und mit dem Zitronensaft beträufeln.
6. Form mit Alufolie abdecken und Pasta 30 Minuten im Ofen backen.

TIPP:

Bei einer One-Pot-Pasta sollte man Nudeln verwenden, die in 6 Minuten al dente gegart sind.

RAINBOW-PASTA

2-3 Portionen | Vorbereitung: 25 Minuten | Backzeit: 20 Minuten

ZUTATEN

1 Avocado
1 kleine Aubergine
4 bunte Snackpaprikaschoten
10 Cherrytomaten
150 g Kräuterfrischkäse
2 EL Olivenöl
200 ml Sahne
Salz und Pfeffer
300 g Spaghetti
100 g Parmesan (je nach Geschmack)
1 Handvoll frische Basilikumblätter

1. Backofen auf 200 °C Umluft vorheizen.
2. Avocado halbieren, entkernen, Fruchtfleisch mit einem Löffel aus der Schale heben und in eine Auflaufform legen.
3. Aubergine waschen, putzen und in Würfel schneiden. Paprika und Tomaten waschen und zusammen mit den Auberginenwürfeln um die Avocado herumlegen.
4. Den Kräuterfrischkäse in die Mitte setzen und alles mit Olivenöl beträufeln und mit der Sahne begießen. Mit Salz und Pfeffer würzen und 20 Minuten im Ofen backen.
5. Währenddessen die Spaghetti in einem Topf mit Wasser nach Packungsanweisung bissfest kochen.
6. Parmesan reiben. Das Basilikum waschen und trocken schütteln.
7. Nudeln durch ein Sieb abgießen, dabei das Kochwasser auffangen. 1 Kelle Nudelwasser beiseitestellen.
8. Das fertige Gemüse aus dem Ofen nehmen, die Avocado andrücken, das beiseitegestellte Nudelwasser dazugeben und alles gut vermengen.
9. Spaghetti in die Form geben, umrühren und Pasta mit Basilikum und Parmesan verfeinern.

SPAGHETTI À LA ACHIM

2 Portionen | Vorbereitung: 30 Minuten | Backzeit: 25 Minuten

ZUTATEN

3 Tomaten
1 kleine rote Zwiebel
1 EL Olivenöl
1 Knoblauchknolle
150 g Kräuterfrischkäse
1 TL edelsüßes Paprikapulver
⅓ TL getrockneter Oregano
Salz und Pfeffer
300 g Spaghetti
einige Basilikumblätter

1. Backofen auf 200 °C Umluft vorheizen.
2. Tomaten waschen, die Zwiebel schälen und beides in grobe Stücke schneiden. Öl in eine Auflaufform geben und das Gemüse hineinlegen.
3. Das obere Stück der Knoblauchknolle abschneiden und Knolle ebenfalls in die Form setzen.
4. Kräuterfrischkäse in die Mitte der Form geben und alles mit den Gewürzen bestreuen. Gemüse 25 Minuten im Ofen backen.
5. Währenddessen die Nudeln in einem Topf mit Wasser nach Packungsanleitung bissfest kochen.
6. Das Basilikum waschen und trocken schütteln.
7. Nach Ende der Backzeit das Gemüse aus dem Ofen holen. Den Knoblauch aus der Form nehmen, 5 Knoblauchzehen zum Gemüse auspressen, den Rest zur Seite legen.
8. Gemüse mit einem Stabmixer zu einer Soße pürieren.
9. Die Spaghetti durch ein Sieb abgießen, in die Soße geben, gut vermengen und mit Basilikum garniert servieren.

TIPP:

Aus den restlichen Knoblauchzehen kannst du Knoblauchbutter zubereiten.

WEEKEND-PASTA (PASTA ROSSA)

2 Portionen | Vorbereitung: 30 Minuten | Backzeit: 20 Minuten

ZUTATEN

200 g Cherrytomaten
½ rote Paprikaschote
1 kleine rote Zwiebel
1 Knoblauchzehe
3 EL Olivenöl
½ TL getrockneter Oregano
Salz und Pfeffer
300 g Nudeln
100 g Parmesan (je nach Geschmack)
1 Handvoll Basilikumblätter
2 EL Crème légère

1. Backofen auf 200 °C Umluft vorheizen.
2. Tomaten waschen und in eine Auflaufform legen.
3. Paprika waschen, putzen und in Stücke schneiden. Zwiebel schälen und in Ringe schneiden. Beides mit in die Auflaufform geben.
4. Knoblauchzehe schälen und über das Gemüse pressen. Olivenöl und Gewürze zugeben und alles gut vermischen 20 Minuten im Ofen backen.
5. Währenddessen die Nudeln in einem Topf mit Wasser nach Packungsanweisung bissfest kochen.
6. Parmesan reiben. Basilikum waschen und trocken schütteln.
7. Nudeln durch ein Sieb abgießen, dabei das Kochwasser auffangen. 1 Kelle Nudelwasser beiseitestellen.
8. Nach der Backzeit Gemüse aus dem Ofen holen. Crème légère und das beiseitegestellte Nudelwasser in die Auflaufform geben. Mit einer Gabel die Tomaten etwas andrücken und alles gut vermengen.
9. Die Nudeln mit der Soße vermischen und mit etwas Basilikum und Parmesan verfeinern.

GENIALES GEMÜSE

GEFÜLLTE CHAMPIGNONS MIT GORGONZOLA

2–4 Portionen | Vorbereitung: 15 Minuten | Backzeit: 15–20 Minuten

ZUTATEN

50 g Couscous
12 mittelgroße Champignons
70 g Gorgonzola
Olivenöl
Saft von ½ Zitrone
Salz und Pfeffer

1. Backofen auf 200 °C Umluft vorheizen.
2. Couscous in einer Schüssel nach Packungsanweisung zubereiten.
3. Champignons säubern, Stiele entfernen und Köpfe mit der Rundung nach unten in eine Auflaufform setzen. Pilze bis zum Rand mit Couscous füllen.
4. Gorgonzola in 12 Stücke schneiden und jeweils auf den Couscous setzen. Mit Olivenöl und Zitronensaft beträufeln, salzen und pfeffern. Pilze 15–20 Minuten im Ofen backen.

AUBERGINEN AUS DEM OFEN

2 Portionen | Vorbereitung: 25 Minuten | Ruhezeit: 30 Minuten | Backzeit: 30 Minuten

ZUTATEN

2 Auberginen
Salz
10 Cherrytomaten
½ gelbe Paprikaschote
1 Knoblauchzehe
4 Basilikumblätter
2–4 EL Olivenöl
Pfeffer
30 g geriebener Parmesan

1. Auberginen waschen und den Strunk entfernen. Früchte halbieren, kreuzförmig einschneiden, etwas Salz darüberstreuen und 30 Minuten stehen lassen.
2. Backofen auf 180 °C Umluft vorheizen.
3. Tomaten und Paprika waschen und putzen. Tomaten vierteln und Paprika in kleine Stücke schneiden. Beides in eine Schüssel geben.
4. Knoblauchzehe schälen und dazupressen. Basilikum waschen, trocken schütteln und hacken. Mit etwas Olivenöl, Salz und Pfeffer zu der Tomaten-Paprika-Mischung geben und umrühren.
5. Mit einem Küchentuch das Wasser von den Auberginen abtupfen. Auberginenhälften mit den Schnittflächen nach oben in eine Auflaufform legen, mit dem Tomatensalat belegen und mit Parmesan bestreuen.
6. Das restliche Olivenöl darüberträufeln und Auberginen 30 Minuten im vorgeheizten Ofen backen.

ZUCCHINI-CRUMBLE

4 Portionen | Vorbereitung: 25 Minuten | Backzeit: 15–20 Minuten

ZUTATEN

2 Zucchini
3–4 EL Olivenöl
1 Knoblauchzehe
100 g Feta
100 g geriebener Parmesan
100 g Mehl

1. Backofen auf 200 °C Umluft vorheizen.
2. Zucchini waschen, putzen und in Scheiben schneiden. Scheiben in einer Pfanne mit etwas Olivenöl anbraten. Knoblauch schälen, hineinpressen und weiterbraten.
3. Die fertigen Zucchinischeiben auf 4 kleine ofenfeste Förmchen verteilen. Feta darauf bröseln.
4. Parmesan, Mehl und 2 EL Olivenöl in eine Schüssel geben und mit den Fingern zu groben Streuseln verkneten. Auf dem Feta verteilen.
5. Förmchen in den Ofen stellen und Crumble 15–20 Minuten backen.

GERÖSTETE KAROTTEN

2 Portionen | Vorbereitung: 25 Minuten | Backzeit: 25 Minuten

ZUTATEN

6 Karotten
1 Knoblauchzehe
2 EL Olivenöl
1 EL Zitronensaft
1 EL mittelscharfer Senf
1 EL Honig
Salz und Pfeffer
100 g Feta

1. Backofen auf 200 °C Umluft vorheizen.
2. Karotten schälen, putzen, längs halbieren und in 3 cm große Stücke schneiden. In eine Schüssel geben.
3. Für die Marinade Knoblauch schälen und in eine Schüssel pressen. Mit Olivenöl, Zitronensaft, Senf, Honig, Salz und Pfeffer verrühren. Die Marinade gut mit den Karotten vermischen.
4. Ein Backblech mit Backpapier auslegen, die Karotten darauf verteilen und 20 Minuten im Ofen backen.
5. Nach der Backzeit Blech aus dem Ofen holen, den Feta mit den Händen über die Karotten bröseln und weitere 5 Minuten backen.

AUBERGINEN-KÄSE-RÖLLCHEN

2 Portionen | Vorbereitung: 30 Minuten | Backzeit: 35–40 Minuten

ZUTATEN

2 Auberginen
Salz
Olivenöl
½ Handvoll Basilikumblätter
250 g Ricotta
100 g geriebener Gouda
80 g geriebener Parmesan
1 Ei
Pfeffer
400 ml Tomatensoße

1. Backofen auf 180 °C Umluft vorheizen. Ein Backblech mit Backpapier auslegen.
2. Auberginen waschen, putzen und in 5 mm dicke Streifen schneiden. Auf das Backblech legen, salzen und mit Olivenöl beträufeln. 15–20 Minuten im Ofen backen.
3. In der Zwischenzeit Basilikumblätter waschen, trocken schütteln und hacken. Mit dem Ricotta, Gouda, 60 g Parmesan, Ei und etwas Pfeffer in eine Schüssel geben und gut verrühren.
4. 300 ml der Tomatensoße in eine Auflaufform gießen.
5. Auberginestreifen aus dem Ofen nehmen und etwas abkühlen lassen. Dann auf jeden Streifen 1 EL von der Ricottacreme setzen, Streifen einrollen und in die Tomatensoße legen. Den Vorgang wiederholen, bis alle Röllchen in der Form sind.
6. Den Rest der Tomatensoße über die Röllchen gießen und den restlichen Parmesan darüberstreuen. Weitere 20 Minuten bei 180 °C Umluft im Ofen backen.

GEFÜLLTE PAPRIKA

2–4 Portionen | Vorbereitung: 20 Minuten | Backzeit: 30 Minuten

ZUTATEN

2 Paprikaschoten
½ Zucchini
10–15 Cocktailtomaten
150 g Feta
1 Ei
Salz und Pfeffer
Fett für die Form
100 g geriebener Gouda

1. Backofen auf 180 °C Umluft vorheizen.
2. Paprika waschen, halbieren und putzen.
3. Zucchini und Tomaten putzen, waschen, in kleine Stücke schneiden und in eine Schüssel geben. Feta in die Schüssel bröseln, das Ei hineinschlagen, mit Salz und Pfeffer würzen und alles gut vermengen.
4. Die Paprikahälften in eine gefettete Auflaufform setzen und mit der Feta-Mischung füllen. Mit Gouda bestreuen und 30 Minuten im Ofen backen.

TIPP:

Zu den Paprika passt Reis super.

GRATINIERTE AUBERGINEN

2 Portionen | Vorbereitung: 15 Minuten | Backzeit: 25 Minuten

ZUTATEN

2 Auberginen
150 g Pesto Verde
2 Tomaten
200 g Feta

1. Backofen auf 200 °C Umluft vorheizen. Ein Backblech mit Backpapier auslegen.
2. Auberginen waschen, putzen und in Scheiben schneiden. Scheiben auf dem Backblech verteilen und mit Pesto bestreichen.
3. Tomaten waschen, in Scheiben schneiden und diese auf das Pesto legen.
4. Feta mit den Händen über die Tomaten bröseln. Auberginen 25 Minuten im Ofen backen.

TIPP:

Anstatt Auberginen eignen sich auch Zucchini.

ROSENKOHL AUS DEM OFEN

4 Portionen | Vorbereitung: 25 Minuten | Backzeit: 20 Minuten

ZUTATEN

1 kg Rosenkohl
1 rote Zwiebel
1 Knoblauchzehe
2 EL Olivenöl
1 EL Honig
1 TL Paprikapulver
⅓ TL Chiliflocken
Salz und Pfeffer
80 g Parmesan

1. Backofen auf 200 °C Umluft vorheizen.
2. Rosenkohl waschen, den Strunk entfernen und Köpfchen halbieren.
3. Die Zwiebel schälen und in Ringe schneiden. Den Knoblauch schälen und zerdrücken.
4. Rosenkohl, Zwiebel und Knoblauch in einer Auflaufform verteilen. Olivenöl, Honig und Gewürze darübergeben und alles mit den Händen gut vermengen. 10 Minuten im Ofen backen.
5. Währenddessen den Parmesan reiben. Dann über den Rosenkohl streuen und alles weitere 10 Minuten im Ofen backen.

SPARGEL AUS DEM OFEN

2 Portionen | Vorbereitung: 15 Minuten | Backzeit: 15–20 Minuten

ZUTATEN

1 Bund grüner Spargel
4 EL Olivenöl
Salz
70 g gehobelter Parmesan
200 g Kirschtomaten
2 Knoblauchzehen
Pfeffer

1. Backofen auf 200 °C Umluft vorheizen.
2. Spargel waschen, die harten Enden entfernen und die Stangen auf ein Backblech legen. Mit 2 EL Olivenöl beträufeln und salzen. Parmesan über dem Spargel verteilen.
3. Tomaten waschen, halbieren und in eine Schüssel geben. Knoblauch schälen und dazupressen. Das restliche Olivenöl, Salz und Pfeffer zufügen und alles vermischen.
4. Die Tomaten über dem Parmesan verteilen und Gemüse 15–20 Minuten im Ofen backen.

ZUCCHINIROLLEN MIT SCHINKEN

2–4 Portionen | Vorbereitung: 40 Minuten | Backzeit: 20 Minuten

ZUTATEN

2 Zucchini
50 ml Olivenöl
Salz und Pfeffer
150 g Semmelbrösel
100 g geriebener Parmesan
200 g Gouda in Scheiben
200 g Kochschinken

1. Backofen auf 200 °C Umluft vorheizen.
2. Zucchini putzen, waschen und längs in sehr feine Streifen schneiden.
3. Olivenöl in einen tiefen Teller geben und mit Salz und Pfeffer würzen.
4. In einem weiteren Teller Semmelbrösel und Parmesan vermengen.
5. Gouda und Schinken auf die Breite der Zucchinistreifen zuschneiden.
6. Zucchinistreifen erst im Olivenöl, dann in der Semmelbröselmischung wenden. Auf jeden Streifen 1 Scheibe Schinken, dann 1 Scheibe Gouda legen. Zucchini einrollen und in eine Auflaufform geben. 20 Minuten im Ofen backen.

TIPP:

In einer runden Auflaufform sehen die Röllchen besonders schön aus.

SPARGELTASCHEN

8 Stück | Vorbereitung: 30 Minuten | Backzeit: 20 Minuten

ZUTATEN

1 Rolle Blätterteig
100 g Frischkäse
24–32 Stangen grüner Spargel
8 Scheiben Kochschinken
100 g geriebener Gouda
1 Eigelb
1 EL Sesam

1. Backofen auf 180 °C Umluft vorheizen. Ein Backblech mit Backpapier auslegen.
2. Blätterteig ausrollen und in 8 Quadrate schneiden. Die Quadrate jeweils mit etwa 1 TL Frischkäse bestreichen.
3. Spargel waschen und die harten Enden entfernen. 3–4 Stangen mit 1 Scheibe Schinken umwickeln. Jedes Schinkenpäckchen auf 1 Blätterteigstück legen, etwas Gouda darüberstreuen und die Quadrate von 2 Enden aus zuklappen.
4. Die Taschen auf das Backblech legen, mit Eigelb bepinseln und mit etwas Sesam bestreuen. 20 Minuten im Ofen backen.

ROTKOHL AUS DEM OFEN

4 Portionen | Vorbereitung: 15 Minuten | Backzeit: 20 Minuten

ZUTATEN

1 Rotkohl
½ TL edelsüßes Paprikapulver
½ TL getrockneter Oregano
½ TL getrockneter Thymian
½ TL Salz
3 EL Olivenöl
100 g Feta
5 Walnusskerne

1. Backofen auf 180 °C Umluft vorheizen. Ein Backblech mit Backpapier auslegen.
2. Rotkohl putzen, waschen, in 4–6 Scheiben schneiden und diese auf das Backblech legen.
3. Aus den Gewürzen und dem Olivenöl in einer Schüssel eine Marinade anrühren. Die Rotkohlscheiben damit bepinseln.
4. Feta zerbröseln und über den Rotkohl verteilen.
5. Walnüsse hacken und ebenfalls darüberstreuen.
6. Rotkohl 20 Minuten im Ofen backen.

ZUCCHINI-HOTDOGS

4 Portionen | Vorbereitung: 20 Minuten | Backzeit: 30 Minuten

ZUTATEN

400 ml Tomatensoße
2 Zucchini
4 Kalbsbratwürstchen
2 Knoblauchzehen
250 g Mozzarella
1–2 Stängel Petersilie

1. Den Backofen auf 200 °C Umluft vorheizen.
2. Die Tomatensoße in einer Auflaufform verteilen.
3. Die Zucchini waschen, putzen und längs halbieren. Mit einem Teelöffel die Zucchinihälften aushöhlen. Jeweils 1 Kalbsbratwürstchen in die Mulden der Zucchinihälften legen und diese in die Tomatensoße setzen.
4. Den Knoblauch schälen und zwischen die Hälften legen.
5. Den Mozzarella in Scheiben schneiden und über den Zucchinihälften verteilen. Zucchini 30 Minuten im Ofen backen.
6. Petersilie waschen, trocken schütteln und hacken. Zucchini-Hotdogs zum Servieren mit Petersilie garnieren.

TIPPS:

Sollten die Kalbsbratwürstchen zu groß sein, einfach auf die Größe der Zucchini zuschneiden und die restlichen Stücke mit in die Tomatensoße geben. Zu den Zucchini-Hotdogs etwas Reis servieren.

SPARGEL-PIZZA

2–3 Portionen | Vorbereitung: 15 Minuten | Backzeit: 20 Minuten

ZUTATEN

1 Rolle Teig für Sonntags-Croissants (340 g)
1 Kugel Mozzarella (à ca. 125 g)
½ Bund grüner Spargel
10 Cherrytomaten
2 EL Olivenöl
Salz und Pfeffer
60 g Parmesan
einige Basilikumblätter

1. Backofen auf 200 °C Umluft vorheizen.
2. Den Croissantteig in 3 Teile schneiden und diese nebeneinander auf ein mit Backpapier belegtes Backblech legen.
3. Mozzarella mit den Händen zerpflücken und auf dem Teig verteilen.
4. Spargel und Tomaten waschen. Beim Spargel die harten Enden entfernen und die Stangen dritteln. Die Tomaten halbieren. Beides über dem Mozzarella verteilen. Alles mit Olivenöl beträufeln und mit Salz und Pfeffer würzen.
5. Parmesan hobeln und über dem Gemüse verteilen. Pizzen 20 Minuten im Ofen backen.
6. Basilikum waschen und trocken schütteln. Pizzen mit Basilikumblättern garniert servieren.

COMFORT FOOD

AUBERGINEN-LASAGNE

3 Portionen | Vorbereitung: 30 Minuten | Backzeit: 15–20 Minuten

ZUTATEN

3 Auberginen
Olivenöl
6 große Scheiben Kochschinken
150 g geriebener Gouda
30 g geriebener Parmesan

1. Backofen auf 200 °C Umluft vorheizen.
2. Auberginen waschen, putzen und in 5 mm dicke Streifen schneiden. Nacheinander von beiden Seiten in einer Pfanne mit etwas Olivenöl anbraten.
3. Eine Auflaufform mit etwas Olivenöl ausstreichen. 3 Auberginenstreifen nebeneinander hineinlegen, jeweils 1 Scheibe Schinken darauflegen, wieder je 1 Auberginenstreifen daraufgeben und mit etwas Gouda bestreuen.
4. Den Vorgang wiederholen, bis die Zutaten verbraucht sind, und mit einer letzten Schicht Aubergine abschließen.
5. Lasagne mit Olivenöl beträufeln und mit Parmesan bestreuen. 15–20 Minuten im Ofen backen.

ZUCCHINI-KARTOFFEL-RÖSTI

2–4 Portionen | Vorbereitung: 45 Minuten | Backzeit: 30 Minuten

ZUTATEN

2 Kartoffeln
3 Zucchini
Salz
80 g geriebener Parmesan
100 g Mehl
Pfeffer
2 rote Zwiebeln
Thymianzweige
3 EL Olivenöl

1. Backofen auf 180 °C Umluft vorheizen.
2. Kartoffeln schälen und waschen. Zucchini putzen und waschen. Beides grob reiben, in ein sauberes Tuch legen und salzen. Nach ein paar Minuten das Wasser gut ausdrücken und Raspel in eine Schüssel füllen.
3. 50 g Parmesan, Mehl, Salz und Pfeffer zu der Kartoffel-Zucchini-Mischung geben und gut verrühren.
4. Ein Backblech mit Backpapier auslegen und den Teig darauf verteilen und andrücken.
5. Zwiebeln schälen, halbieren, in Ringe schneiden und auf die Rösti legen.
6. Thymianzweige waschen, trocken schütteln und die Rösti damit garnieren.
7. Rösti mit Olivenöl beträufeln, mit dem restlichen Parmesan bestreuen und 30 Minuten im Ofen backen.

SALT

ÜBERBACKENER CAMEMBERT MIT TOMATEN-PFIRSICH-SALAT

2 Portionen | Vorbereitung: 20 Minuten | Backzeit: 35 Minuten

ZUTATEN

1 großer runder Camembert (ca. 250 g)
3 EL Olivenöl
5 Cherrytomaten
1 kleiner Pfirsich
1 EL Honig
1 EL Balsamicoessig
getrockneter Thymian
Salz und Pfeffer
3 Walnusskerne

1. Backofen auf 180 °C Umluft vorheizen und eine Auflaufform mit Backpapier auslegen.
2. Camembert in die Auflaufform legen, mit 1 EL Olivenöl beträufeln und 10 Minuten im Ofen backen.
3. Währenddessen Tomaten waschen und vierteln. Pfirsich waschen, entkernen und in 1 cm große Stücke schneiden. Beides in eine Schüssel geben.
4. Aus dem restlichen Olivenöl, Honig, Balsamico, etwas Thymian, Salz und Pfeffer in einer Schüssel ein Dressing anrühren. Über den Tomaten-Pfirsich-Salat gießen und vermengen.
5. Den Camembert nach 10 Minuten aus dem Ofen holen, den Tomaten-Pfirsich-Salat darüber verteilen und weitere 15 Minuten im Ofen backen.
6. Camembert aus dem Ofen nehmen und Walnüsse mit den Händen darüberbröseln.

TIPP:

Mit frischem Baguette eine perfekte Vorspeise.

AVOCADO-LACHS-SPIEGELEI

2 Portionen | Vorbereitung: 15 Minuten | Backzeit: 10 Minuten

ZUTATEN

1 Avocado
2 Scheiben Räucherlachs
2 Eier
Chiliflocken
getrockneter Dill

1. Backofen auf 200 °C Umluft vorheizen.
2. Avocado halbieren, entkernen und die Schale entfernen. Dann 2 etwa 1 cm dicke Scheiben herausschneiden. Die Scheiben in eine kleine Auflaufform legen und jeweils 1 Scheibe Lachs daraufgeben.
3. In der Mitte eine Mulde bilden und jeweils 1 Ei hineinschlagen. Mit Chiliflocken und Dill würzen.
4. Form in den Ofen schieben und die Avocado-Lachs-Eier 10 Minuten im Ofen backen.

TIPP:

Den Rest der Avocado zu einer kleinen Guacamole verarbeiten.

FETA-SPINAT-GNOCCHI

2–3 Portionen | Vorbereitung: 25 Minuten | Backzeit: 20 Minuten

ZUTATEN

100 g Babyspinat
150 g Feta
400 g Gnocchi
150 g Champignons
1 Knoblauchzehe
150 ml Sahne
getrockneter Oregano
Salz und Pfeffer

1. Backofen auf 180 °C Umluft vorheizen.
2. Spinat waschen, verlesen, trocken schleudern und in eine Auflaufform geben. Den Feta in die Mitte setzen. Gnocchi um den Käse herum verteilen.
3. Champignons putzen, in Scheiben schneiden und auf die Gnocchi geben.
4. Knoblauch schälen und auf den Feta pressen.
5. Alles mit Sahne begießen und mit Oregano, Salz und Pfeffer würzen. 20 Minuten im Ofen backen.
6. Nach der Backzeit den Feta etwas andrücken und alles gut vermengen.

LACHS AUS DEM OFEN

2 Portionen | Vorbereitung: 45 Minuten | Backzeit: 20 Minuten

ZUTATEN

800 g Kartoffeln
½ Bund grüner Spargel
2 Lachsfilets
1 Bio-Zitrone
Olivenöl
getrockneter Rosmarin
Salz und Pfeffer
50 g Parmesan

1. Kartoffeln schälen, waschen und in einem Topf mit Wasser 10 Minuten vorkochen.
2. Backofen auf 180 °C Umluft vorheizen. Ein Backblech mit Backpapier auslegen.
3. Nach Ende der Kochzeit das Wasser abgießen, die Kartoffeln halbieren und auf das Backblech legen.
4. Spargel waschen und die harten Enden abschneiden. Stangen in Stücke schneiden und zu den Kartoffeln geben.
5. Lachsfilets waschen, mit Küchenpapier trocken tupfen und zwischen die Kartoffeln legen.
6. Zitrone waschen, 4 Scheiben abschneiden und jeweils 2 Scheiben auf jedes Lachsfilet setzen.
7. Alles mit Olivenöl beträufeln, mit Rosmarin, Salz und Pfeffer würzen.
8. Den Parmesan hobeln und über das Gemüse und den Fisch streuen. Blech in den Ofen schieben und alles 20 Minuten backen.

TIPP:

Anstatt Spargel kannst du auch Brokkoli verwenden.

PEPPER
SALT

PEPPER
SALT

ONE-POT-OMELETT

4 Portionen | Vorbereitung: 20 Minuten | Backzeit: 15 Minuten

ZUTATEN

4 Mini-Tortillas
4 Eier
2 Champignons
4–6 Cherrytomaten
½ gelbe Paprikaschote
4 Stängel frische Petersilie
50 g Feta
Salz und Pfeffer

1. Backofen auf 200 °C Umluft vorheizen.
2. 4 kleine ofenfeste Tonschälchen mit den Tortillas auslegen und jeweils eine Mulde bilden. 1 Ei in jede Mulde aufschlagen.
3. Das Gemüse waschen, putzen und in kleine Stücke schneiden. Dann auf die Schälchen verteilen.
4. Petersilie waschen, trocken schütteln und hacken. Über das Gemüse streuen.
5. Feta zerbröseln und ebenfalls in die Förmchen geben. Alles mit Salz und Pfeffer würzen.
6. Omeletts 15 Minuten im Ofen backen.

TIPP:

Etwas Sriracha-Mayo über die fertigen Omeletts geben!

HERBSTLICHER FLAMMKUCHEN

2–4 Portionen | Vorbereitung: 30 Minuten | Backzeit: 20 Minuten

ZUTATEN

¼ Hokkaidokürbis
½ rote Zwiebel
1 Rolle Blätterteig
150 g Crème fraîche
2 Feigen
100 g Ziegenkäse
1 Handvoll Walnusskerne
1 Zweig Rosmarin
2 EL Honig

1. Backofen auf 200 °C Umluft vorheizen. Ein Backblech mit Backpapier auslegen.
2. Kürbis waschen, entkernen und in feine Scheiben schneiden.
3. Zwiebel schälen und in feine Streifen schneiden.
4. Blätterteig ausrollen, auf ein Backblech legen und mit Crème fraîche bestreichen. Kürbisscheiben und Zwiebelringe darauf verteilen.
5. Feigen und Ziegenkäse in Scheiben schneiden und darübergeben.
6. Walnüsse mit den Händen etwas zerkleinern. Rosmarin waschen, trocken schütteln und die Nadeln abzupfen. Beides über den Flammkuchen streuen.
7. Zum Schluss mit Honig beträufeln. Dann 20 Minuten im Ofen backen.

TIPP:

Einen frischen Blattsalat zum Flammkuchen servieren.

ONE-POT-GNOCCHI

2–4 Portionen | Vorbereitung: 15 Minuten | Backzeit: 30 Minuten

ZUTATEN

250 ml Sahne
1 EL Tomatenmark
2 EL Olivenöl
100 ml kaltes Wasser
½ TL edelsüßes Paprikapulver
Salz und Pfeffer
50 g geriebener Gouda
500 g Gnocchi
10 Cherrytomaten
125 g Mini-Mozzarella
1 Handvoll Basilikumblätter

1. Backofen auf 180 °C Umluft vorheizen.
2. Sahne, Tomatenmark, Olivenöl, Wasser, Gewürze und Gouda in eine Auflaufform geben und gut miteinander vermischen.
3. Gnocchi in die Soße legen und einmal umrühren.
4. Tomaten waschen, halbieren und zusammen mit den Mini-Mozzarellakugeln über die Gnocchi verteilen.
5. Basilikumblätter waschen, trocken schütteln und obenauf legen.
6. Auflauf 30 Minuten im Ofen backen.

KNOBLAUCHGARNELEN

2 Portionen | Vorbereitung: 15 Minuten | Backzeit: 20 Minuten

ZUTATEN

200 g TK-Garnelen
2 Knoblauchzehen
50 g Butter
2 EL Olivenöl
1 TL Paprikapulver
⅓ TL Chiliflocken
Salz und Pfeffer
3 Stängel Petersilie

1. Backofen auf 200 °C Umluft vorheizen.
2. Garnelen in eine ofenfeste Form geben.
3. Knoblauch schälen, in Scheiben schneiden und mit in die Form geben.
4. Butter auf die Garnelen setzen und Olivenöl darüberträufeln. Mit den Gewürzen bestreuen.
5. Garnelen 10 Minuten im Ofen backen. Dann einmal durchrühren und weitere 10 Minuten garen.
6. Petersilie waschen, trocken schütteln und hacken. Die fertigen Knoblauchgarnelen damit vor dem Servieren bestreuen.

TIPP:

Mit frischem Baguette servieren.

SPINAT-FETA-QUICHE

4 Portionen | Vorbereitung: 25 Minuten | Backzeit: 30 Minuten

ZUTATEN

250 g TK-Blattspinat
Fett für die Form
1 Rolle Blätterteig
150 g Feta
4 Eier
200 g Crème fraîche
⅓ TL geriebene Muskatnuss
Salz und Pfeffer
12 Cherrytomaten

1. TK-Spinat auftauen lassen und das Wasser gut ausdrücken.
2. Backofen auf 200 °C Umluft vorheizen und eine flache Tarteform einfetten.
3. Blätterteig ausrollen und in die Tarteform legen. An den Rändern etwas andrücken und den Boden mit einer Gabel einstechen.
4. Blattspinat auf dem Boden verteilen und den Feta darüberbröseln.
5. Eier, Crème fraîche, Muskat, Salz und Pfeffer in eine Schüssel geben und mit dem Schneebesen verquirlen. Über den Spinat gießen.
6. Tomaten waschen, halbieren und mit der Schnittfläche nach oben auf der Quiche verteilen.
7. Quiche in den Ofen schieben und 30 Minuten backen.

TIPP:

Du kannst die Eiercreme und den Blätterteig als Grundzutaten nutzen und deine Quiche mit Lieblingsgemüse füllen.

ONE-POT-CURRY

2 Portionen | Vorbereitung: 15 Minuten | Backzeit: 30 Minuten

ZUTATEN

150 g Basmatireis
½ Zucchini
½ gelbe Paprikaschote
½ rote Paprikaschote
½ Karotte
200 ml Kokosmilch
400 ml Gemüsebrühe
1 TL Currypulver
½ TL getrocknetes Zitronengras
⅓ TL Chiliflocken
Salz

1. Backofen auf 200 °C Umluft vorheizen.
2. Den Reis in ein Sieb geben, waschen und abtropfen lassen. Dann in eine Auflaufform füllen.
3. Das Gemüse waschen, putzen, in mundgerechte Stücke schneiden und ebenfalls in der Auflaufform verteilen.
4. Kokosmilch und Gemüsebrühe über das Gemüse gießen. Gewürze hinzugeben und alles einmal gut umrühren. Curry 30 Minuten im Ofen backen.

TIPP:

Mach es zu deinem ganz persönlichen Curry und nimm dein Lieblingsgemüse.

KARTOFFEL-SPINAT-AUFLAUF

2 Portionen | Vorbereitung: 45 Minuten | Backzeit: 30 Minuten

ZUTATEN

150 g TK-Spinat
400 g Kartoffeln
1 Ei
100 ml Sahne
Salz und Pfeffer
geriebene Muskatnuss
50 g geriebener Gouda

1. Den Spinat auftauen lassen.
2. Kartoffeln schälen, waschen, in 2 cm große Stücke schneiden und in einem Topf mit Wasser weich kochen.
3. Backofen auf 200 °C Umluft vorheizen.
4. Fertige Kartoffeln durch ein Sieb abgießen und mit Spinat, Ei, Sahne und Gewürzen in eine Auflaufform geben und gut vermengen.
5. Den Gouda über das Gemüse streuen und Auflauf 30 Minuten im Ofen backen.

DESSERTS

BIRNEN-FLAMMKUCHEN

2–4 Portionen | Vorbereitung: 25 Minuten | Backzeit: 20 Minuten

ZUTATEN

1 Rolle Blätterteig
150 g Crème fraîche
2 Birnen
1 rote Zwiebel
80 g Ziegenkäse
6 Walnusskerne
1 EL Honig
Thymian

1. Backofen auf 200 °C Umluft vorheizen.
2. Blätterteig aufrollen, auf ein Backblech legen und mit Crème fraîche bestreichen.
3. Birnen waschen, halbieren, entkernen, in Scheiben schneiden und auf dem Blätterteig verteilen.
4. Zwiebel schälen, in Ringe schneiden und über die Birnen legen.
5. Ziegenkäse in Scheiben schneiden und auf den Flammkuchen geben.
6. Walnüsse hacken und Flammkuchen damit bestreuen. Honig darüberträufeln. Thymian waschen, trocken schütteln und Flammkuchen damit garnieren.
7. Flammkuchen 20 Minuten im Ofen backen.

ERDBEER-TWISTER

10 Stück | Vorbereitung: 20 Minuten | Backzeit: 20 Minuten

ZUTATEN

100 g Frischkäse
80 g Honig
1 Rolle Blätterteig
8 Erdbeeren
1 Ei

1. Backofen auf 200 °C Umluft vorheizen.
2. Frischkäse und Honig in einer Schüssel verrühren. Blätterteig ausrollen und bis zur Hälfte mit dem Frischkäse bestreichen.
3. Erdbeeren waschen, entstielen und in kleine Stücke schneiden. Auf dem Frischkäse verteilen. Die unbelegte Teighälfte darüberklappen und etwas andrücken. Mit einem Pizzaroller in 10 Streifen schneiden.
4. Jeden Streifen in sich verdrehen und auf ein mit Backpapier belegtes Backblech setzen.
5. Ei in einer Schüssel verquirlen und die Twister damit bestreichen. 20 Minuten im Ofen backen.

BANANENMUMIEN

4 Stück | Vorbereitung: 20 Minuten | Backzeit: 25 Minuten

ZUTATEN

4 Bananen
4 Kinderriegel
1 Rolle Blätterteig
1 Ei
50 g Vollmilchkuvertüre
8 Zuckeraugen
Puderzucker

1. Backofen auf 200 °C Umluft vorheizen. Ein Backblech mit Backpapier auslegen.
2. Bananen schälen und mit einem kleinen Löffel längs vorsichtig etwas aushöhlen. Kinderriegel in die Mulden der Bananen setzen.
3. Blätterteig ausrollen und längs in 8 Streifen schneiden. Gefüllte Bananen jeweils mit 2 Blätterteigstreifen umwickeln und auf das Backblech legen.
4. Das Ei in einer Schüssel verquirlen und den Blätterteig damit bestreichen. Bananen 25 Minuten im Ofen backen.
5. Währenddessen die Kuvertüre grob zerkleinern und in einem Topf vorsichtig schmelzen.
6. Die fertigen Bananenmumien in Schlangenlinien mit der Schokolade beträufeln. Jeweils 2 Zuckeraugen auf die obere Hälfte jeder Banane setzen und Bananen mit Puderzucker bestäuben.

ERDBEER-BLÄTTER-TEIG-TÖRTCHEN

4 Stück | Vorbereitung: 25 Minuten | Backzeit: 12 Minuten

ZUTATEN

1 Rolle Blätterteig
1 Handvoll Erdbeeren
400 g Vanillepudding
50 g gehackte Pistazien

1. Backofen auf 200 °C Umluft vorheizen. Ein Backblech mit Backpapier auslegen.
2. Blätterteig ausrollen und in 8 Quadrate schneiden. Diese auf das Backblech legen und ca. 12 Minuten im Ofen backen.
3. Erdbeeren waschen, entstielen und in Scheiben schneiden.
4. Die Blätterteigquadrate aus dem Ofen nehmen, abkühlen lassen und halbieren.
5. 4 Blätterteighälften mit etwas Vanillepudding bestreichen und mit einigen Erdbeerscheiben belegen. Erneut je 1 Blätterteighälfte, Pudding und Erdbeeren daraufgeben. Vorgang noch zweimal wiederholen. Ein Törtchen besteht aus 4 Blätterteighälften.
6. Die Törtchen mit Pudding und gehackten Pistazien garnieren.

TIPP:

Anstatt Vanillepudding kannst du auch Schokoladenpudding verwenden.

NUTELLAKÜCHLEIN

2 Portionen | Vorbereitung: 15 Minuten | Backzeit: 20 Minuten

ZUTATEN

2 Eier
180 g Nutella
etwas Puderzucker

1. Backofen auf 180 °C Umluft vorheizen.
2. Eier trennen und das Eiweiß in einer Schüssel mit dem Handrührgerät steif schlagen.
3. Das Eigelb in einer zweiten Schüssel mit dem Nutella cremig rühren. Dann das Eiweiß unterheben.
4. Den Teig in 2 ofenfeste Schälchen füllen und 20 Minuten im Ofen backen.
5. Die fertigen Küchlein mit etwas Puderzucker bestreut servieren.

TIPP:

Dazu passen ein paar Himbeeren.

TWIST-MUFFINS

6 Stück | Vorbereitung: 20 Minuten | Backzeit: 20 Minuten

ZUTATEN

1 Rolle Teig für Sonntags-Croissants (340 g)
3 EL Nutella
50 g gehackte Haselnüsse
Butter für die Form

1. Den Ofen auf 200 °C Umluft vorheizen.
2. Den Croissantteig ausrollen und halbieren. Eine Hälfte mit Nutella bestreichen und mit 30 g Haselnüssen bestreuen. Die andere Teighälfte darauflegen und etwas andrücken.
3. Teig halbieren und jede Hälfte in 3 Streifen schneiden. Die einzelnen Streifen ganz locker von beiden Seiten eindrehen und zu einer Schnecke aufrollen.
4. Die Schnecken jeweils in die Mulden einer gefetteten Muffinform setzen und mit den restlichen Haselnüssen bestreuen. 20 Minuten im Ofen backen, bis sie goldbraun sind.

TIPP:

Wer es lieber fruchtig mag, kann die Muffins mit beliebiger Konfitüre füllen.

ZUTATENREGISTER

A

B

C

E

F

G

H

K

L

M

N

P

R

S

T

V

W

Z

Bibliografische Information der Deutschen Nationalbibliothek
Die Deutsche Nationalbibliothek verzeichnet diese Publikation in der Deutschen Nationalbibliografie. Detaillierte bibliografische Daten sind im Internet über https://dnb.de abrufbar.

Für Fragen und Anregungen
info@m-vg.de

Originalausgabe
2. Auflage 2024

Türkenstraße 89
80799 München
Tel.: 089 651285-0

Ein herzlicher Dank für die Unterstützung geht an das Küchenstudio Kaina in Dortmund.

Redaktion: Caroline Kazianka
Umschlaggestaltung: Isabella Dorsch
Umschlagabbildungen: Vorderseite: Catja Vedder, Rückseite: Stephanie Just
Abbildungen im Innenteil: S. 4, 8, 10, 28, 50, 80, 108, 122, 126, 127: Catja Vedder; Holzhintergrund: Anucha Tiemsom/Shutterstock.com; alle anderen Abbildungen: Stephanie Just
Satz: Bernadett Linseisen (schere.style.papier), München
Druck: Firmengruppe APPL, aprinta Druck, Wemding
Printed in Germany

ISBN Print 978-3-7423-2616-4
ISBN E-Book (PDF) 978-3-7453-2402-0
ISBN E-Book (EPUB, Mobi) 978-3-7453-2403-7